BEI GRIN MACHT SICH IHR
WISSEN BEZAHLT

- Wir veröffentlichen Ihre Hausarbeit,
  Bachelor- und Masterarbeit

- Ihr eigenes eBook und Buch -
  weltweit in allen wichtigen Shops

- Verdienen Sie an jedem Verkauf

Jetzt bei www.GRIN.com hochladen
und kostenlos publizieren

Bibliografische Information der Deutschen Nationalbibliothek:

Die Deutsche Bibliothek verzeichnet diese Publikation in der Deutschen National-
bibliografie; detaillierte bibliografische Daten sind im Internet über http://dnb.d-
nb.de/ abrufbar.

Impressum:

Copyright © 2016 GRIN Verlag, Open Publishing GmbH
Druck und Bindung: Books on Demand GmbH, Norderstedt Germany
ISBN: 9783668259720

Ben und David Orthen

Die FIFA. Demokratischer Verband oder korrupte Organisation?

Die Geschichte der FIFA von den Anfängen bis heute

GRIN Verlag

GRIN - Your knowledge has value

Der GRIN Verlag publiziert seit 1998 wissenschaftliche Arbeiten von Studenten, Hochschullehrern und anderen Akademikern als eBook und gedrucktes Buch. Die Verlagswebsite www.grin.com ist die ideale Plattform zur Veröffentlichung von Hausarbeiten, Abschlussarbeiten, wissenschaftlichen Aufsätzen, Dissertationen und Fachbüchern.

Besuchen Sie uns im Internet:

http://www.grin.com/

http://www.facebook.com/grincom

http://www.twitter.com/grin_com

Gliederung, 5. PK, Präsentationsprüfung im Fach Sporttheorie von Ben und David Orthen

Thema: Die FIFA - demokratischer Verband oder korrupte Organisation?

1. Einleitung...2

Leitfrage 2

2. Die Geschichte der FIFA 2

2.1 Die Gründungsakte 2

2.2 Organisation und Institutionen vor Verabschiedung der Reformen am 26. Februar 2016 3

2.2.1 Der FIFA-Kongress 3

2.2.2 Das Exekutivkomitee - das ausführende Organ der FIFA...................................3

2.2.3 Ständige Kommissionen...3

2.2.4 Die juristischen Organe der FIFA 4

2.2.5 Weitere Institutionen der FIFA 4

3. Vom Olympischen Turnier zur Fußballweltmeisterschaft 4

4. Die Finanzen der FIFA - Einnahmen und Ausgaben 5

4.1. Einnahmen...5

4.2 Ausgaben..6

5. Kann die FIFA als demokratischer Verband bezeichnet werden?....................................6

5.1 Die Machenschaften der FIFA 6

5.2 Wie funktioniert das System Blatter?..9

5.3 Waren einige der WM-Vergaben illegal? Eine Spurensuche am Beispiel Russland und Katars 10

5.3.1 WM 2006 - ein gekauftes Sommermärchen?..11

5.3.2 Weitere Korruptionsvorwürfe und Skandale...12

6. Zur Zukunft der FIFA...13

6.1 Notwendiger Wandel der Organisation - verabschiedete Reformen..........................13

7. Ausblick..14

8. Literaturverzeichnis 15

8.1. Schriftliche Werke..15

8.2. Zeitungen und Zeitschriften..15

8.3 Internetquellen...15

1. Einleitung

Die Féderation Internationale de Football Association, kurz Fifa genannt, ist der Weltfuß-ballverband und damit Dach von 209 nationalen Verbänden. Sie bilden den Kongress, das höchste und legislative Gremium der FIFA. Bei ihrer Gründung im Jahr 1904 waren es gera-de einmal sieben Nationen. Innerhalb eines Jahrhunderts ist dieser kleine zum größten Verein der Welt herangewachsen.

Der Hauptzweck der Fifa besteht darin, "den Fußball fortlaufend zu verbessern und welt-weit zu verbreiten, wobei der völkerverbindende, erzieherische, kulturelle und humanitäre Stellenwert des Fußballs berücksichtigt werden soll".[1]

Leitfrage:

Wird der größte Sportverband der Welt dem Zweck eines humanitären und völkerverbin-denden Verbands noch gerecht? Und ist die FIFA noch eine transparente, demokratische Organisation oder handelt es sich um einen oligarchisch geführten Verein, der selbst vor Korruption nicht zurückschreckt? Dieser Frage soll in der Präsentation nachgegangen wer-den. Bevor die Frage näher untersucht wird, wird die Struktur der FIFA und ihrer ausfüh-renden Organe aufgezeigt.

2. Die Geschichte der FIFA

Die Fédération Internationale de Football Association (FIFA) wurde am 21. Mai 1904 in Pa-ris (FRA) gegründet. Die FIFA ist ein Verein Schweizerischen Rechts mit Sitz in Zürich.

2.1 Die Gründungsakte

Die Gründungsakte wurde von den Bevollmächtigten folgender Verbände unterzeichnet: Frankreich, Belgien, Dänemark, Niederlande, Spanien, Schweden, Schweiz. In den Statuten, deren Grundstein damals gelegt wurde und die zum Teil bis heute gültig sind, wird den teilnehmenden nationalen Verbänden und den zugehörigen Spielern untersagt, in mehre-ren Verbänden gleichzeitig zu sein oder zu spielen. Damit wurde die Basis zur heutigen Monopolstellung der FIFA geschaffen.[2]

Erst 1906 schloss sich der britische Fußballverband, die "Football Association Ltd." an, der als der stärkste und am besten organisierte Verband galt.[3] Nach und nach folgten andere Verbände aus der ganzen Welt.

Bis heute gehören ihr 209 nationale Verbände an, die in sechs Kontinentalverbänden nach geografischen Kriterien gebildet sind:

---

[1] Vgl. FIFA: FIFA, URL: http://de.fifa.com/index.html, Zugriff vom 8.06.2015
[2] Vgl. Dubbrick, Alexander: Nutzt die FIFA ihren Monopolstatus aus? Eine kritische Analyse, München 2012, S. 6
[3] Vgl. Ebenda

2

Die **Asian Football Confederation (AFC)** in Asien, die **Confédération Africaine de Football (CAF)** in Afrika, die **Confederatión Sudamericana de Fútbol (CONMEBOL CSF)** in Südamerika, die **Confederation of North and Central American and Carribean Association - Football (CONCACAF)** in Nord- und Zentralamerika sowie der Karibik, die **Oceania Football Confederation in Ozeanien (OFC)** und die **Union of European Football Associations (UEFA)** in Europa.

2.2 Organisation und Institutionen vor Verabschiedung der Reformen am 26. Februar 2016

Die Verwaltung der FIFA wurde bislang vom Generalsekretariat betrieben, das in Zürich (Schweiz) rund 400 Mitarbeitende beschäftigt. An der Spitze steht noch der FIFA-Generalsekretär, der dafür verantwortlich ist, dass die Entscheidungen des Exekutiv-Ausschusses umgesetzt werden.

Weitere Aufgabenbereiche des Generalsekretariats sind die Finanzen, die internationalen Beziehungen, die Organisation der FIFA Fußball-Weltmeisterschaft und weiterer FIFA Fußball-Wettbewerbe.

2.2.1 Der FIFA-Kongress

Der FIFA-Kongress, der von den Nationalverbänden mit je einer Stimme gebildet wird, ist das hochrangigste Gremium und Entscheidungsorgan des Weltfußballverbands.[4]

2.2.2 Das Exekutivkomitee - das ausführende Organ der FIFA

Die Regierung der FIFA ist das so genannte Exekutivkomitee, das der Leitung des FIFA-Präsidenten obliegt.[5] Es setzt sich aus dem Präsidenten, acht Vizepräsidenten, 15 Mitgliedern und seit 2012 einem weiblichen Mitglied zusammen.

Formal gesehen sind der FIFA-Kongress und das Exekutivkomitee die beiden wichtigsten Entscheidungsgremien der FIFA.

2.2.3 Ständige Kommissionen

Das Generalsekretariat der FIFA wird in seiner Arbeit durch über 25 ständige Ausschüsse sowie durch zwei operative Organe, die Disziplinarkommission und die Berufungskommission, darunter u. a. auch die bedeutende Ethikkommission unterstützt.[6]

Die Ethikkommission handelt nach dem Ethikreglement der FIFA, das vom FIFA-Exekutivkomitee erlassen wird. In der Präambel ist zu lesen: "Die FIFA trifft eine besondere

[4] Vgl. FIFA: FIFA, URL: http://de.fifa.com/index.html, Zugriff vom 1.09.2015
[5] Vgl. WIKIPEDIA, URL: https://de.wikipedia.org/wiki/FIFA-Exekutivkomitee, Zugriff vom 1.09.2015
[6] Vgl. FIFA: Ständige Kommissionen, URL: http://de.fifa.com/about-fifa/committees/standing-committees.html

Verantwortung, die Integrität und das Ansehen des Fußballs weltweit zu wahren. Die FIFA ist unablässig bestrebt, den Ruf des Fußballs und insbesondere der FIFA vor illegalen, unmoralischen oder unethischen Machenschaften und Praktiken zu schützen."[7]

2.2.4 Die juristischen Organe der FIFA

Die Disziplinarkommission, die Berufungskommission und die Ethikkommission sind die juristischen Organe der FIFA. Die Verantwortlichkeiten und die Funktion dieser Organe sind im FIFA-Disziplinar-und im FIFA-Ethikreglement determiniert.

2.2.5 Weitere Institutionen der FIFA

Es gibt bei der FIFA weitere Institutionen, die relevant sind, wie z. B. F-MARC, eine Einrichtung, die es sich zum Ziel gesetzt hat, die Gesundheit der Spieler zu schützen. Ferner verfügt die FIFA über eine Kammer zur Beilegung von Streitigkeiten sowie eine Arbeitsgruppe gegen Rassismus und Diskriminierung.

3. Vom Olympischen Turnier zur Fußballweltmeisterschaft

1905 wurde erstmalig die Idee einer Fußballweltmeisterschaft auf einer Versammlung der FIFA erörtert. Sie stammte von dem Niederländer Anton Willem Hirschmann. Als die Idee diskutiert wurde, befanden sich gerade einmal zwölf nationale Verbände unter dem Dach des Weltverbands.[8]

Das erste internationale Fußballturnier fand drei Jahre später, 1908, in London statt. Allerdings hat damals nicht die FIFA das Turnier organisiert, sondern das IOC, das "Internationale Olympische Komitee" als Teil der Olympischen Spiele. Daraufhin wollte die FIFA ihr eigenes Welturnier veranstalten, das aber wegen des Ersten Weltkriegs erst viele Jahre später stattfinden konnte.

Am 13. Juli 1930, erfolgte in Uruguay um 15 Uhr Ortszeit, der Anpfiff zur ersten Fußball-Weltmeisterschaft der Geschichte vor kaum mehr als 3000 Zuschauern.[9] 13 Länder nahmen an dieser WM teil (davon nur vier aus Europa), daher konnte getrost auf eine Qualifikation verzichtet werden.

Die Turniere, die 1934 in Italien und 1938 in Frankreich ausgetragen wurden, waren eher Regionalturniere, an dem zumeist europäische Teams teilnahmen. Interkontinentale Be-

---

[7] Vgl. FIFA: FIFA-Ethikreglement, URL: http://resources.fifa.com/mm/document/affederation/administration/50/02/82/codeofethics2012d%5b1%5d.pdf

[8] Aus Politik und Zeitgeschichte (Beilage zur Wochenzeitung Das Parlament): Fußballweltmeisterschaft, Ausgabe 19/2006 vom 8. Mai 2006, S. 11

[9] Vgl. Beyer, Bernd M./ Schulze-Marmeling, Dietrich: Das goldene Buch der Fussball Weltmeisterschaft, Göttingen 2013, S. 10

deutung gewann das Turnier eigentlich erst nach dem II. Weltkrieg, als auch Fortschritte in der Entwicklung im Transportwesen und der zivilen Luftfahrt gemacht wurden.[10]

Ein Kontinente übergreifendes Turnier fand das erste Mal 1950 in Brasilien statt. Europa war mit sechs Ländern vertreten, darunter auch erstmals England und die USA. Es folgten die berühmten Weltmeisterschaften mit dem "Wunder von Bern" (1954) und dem berühmten "Wembley-Tor" (1966).

Es war also ein weiter Weg von der ersten WM 1930 bis zur WM 2014, vom kleinen Regionalturnier zum heutigen Milliardenprojekt und globalen Medienereignis mit 32 Mannschaften und einem weltweiten Milliardenpublikum an den TV-Geräten.

Insgesamt wurden bislang 19 Fußball-Weltmeisterschaften ausgetragen. Lediglich acht verschiedene Nationen wurden bislang Weltmeister: Drei Mannschaften aus Südamerika (Brasilien - fünfmal, Argentinien und Uruguay), die zusammen neun Titel holten. Aus Europa gewannen fünf Mannschaften, deren Bilanz zehn Titel aufweist: Italien - viermal, Deutschland - viermal, Frankreich, England und Spanien. Deutschland hat bisher 16 WM-Endrunden bestritten. 1954, 1972, 1990 und 2014 die WM gewonnen. Vier Mal war Deutschland Vizemeister und viermal Dritter.[11]

4. Die Finanzen der FIFA - Einnahmen und Ausgaben

Bis 1974 erhielt die FIFA weder staatliche Zuschüsse noch Zuschüsse aus anderen Quellen bis auf die Fußball-Weltmeisterschaften, die aber nur alle vier Jahre stattfanden.

Erst als 1974 der neu gewählte FIFA-Präsident, Dr. Joao Havelange, die Verantwortung für den Verband übernahm, schlug die FIFA eine neue Richtung ein. Es konnten neue Ideen realisiert und der Grundstein zu einer Globalisierung gelegt werden.

4.1. Einnahmen

Die FIFA generiert etwa 90 Prozent ihrer Einnahmen aus dem Verkauf der Fernseh-, Marketing- und Lizenzrechte für die FIFA Fußball-Weltmeisterschaft. Für die FIFA sind die Einnahmen aus der Vermarktung dieser Rechte sowie ausreichende Eigenmittel sehr wichtig, weil sie neben den verschiedenen Entwicklungsprogrammen und der Verwaltung vor allem auch die Organisation der verschiedenen Weltmeisterschaften, insbesondere natürlich der FIFA Fußball-Weltmeisterschaft, finanzieren muss.

Seit 2003 erfolgt die Rechnungslegung gemäß den International Financial Reporting Standards (IFRS) freiwillig. Da die meisten FIFA-Tätigkeiten im sogenannten Dollarraum erfolgen, werden Bilanz und Erfolgsrechnung in US-Dollar geführt.[12]

---

[10] Vgl. Aus Politik und Zeitgeschichte: Fußballweltmeisterschaft, a.a.O., S. 12
[11] Vgl. Nationalelf.org: Alles über die Fußball WM: Geschichte, Statistiken, Organisation, URL:
http://www.nationalelf.org/fussball-wm
-allgemein, Zugriff am 18. Januar 2016
[12] Vgl. FIFA: Finanzen, URL: http://de.fifa.com/governance/finances/index.html, Zugriff am 8.06.2015

4.2 Ausgaben

Ein Großteil des Ertrags der FIFA wird in den Fußball und die Entwicklung des Fußballs investiert. Ca. 70 % der Ausgaben fließen laut FIFA in Form von Unterstützungsgeldern, Entwicklungsprogrammen und der Finanzierung von Wettbewerben in die Fußballförderung.[13]

5. Kann die FIFA als demokratischer Verband bezeichnet werden?

Nach außen hin, scheint die FIFA alle Voraussetzungen für eine demokratische Organisation zu erfüllen.

So muten die gerade aufgezeigten Strukturen übersichtlich, ausgewogen und demokratisch an. Aber so unabhängig und frei die einzelnen FIFA-Organe auch wirken, Blatter, so formulieren es Kritiker, habe sie sich zurecht gebogen, so dass am Ende eben nur eine Person und ein kleiner Günstlingskreis zu viel Einfluss hatte: Präsident Joseph Blatter und sein "Hofstaat".[14]

Hinzu kommt, dass jegliche Fußballverbände das gleiche Stimmrecht besitzen, fernab von Mitgliederanzahl, Landesgröße oder sportlicher Relevanz. Kleinere Verbände sind in Folge finanzieller Defizite auf Investitionen der FIFA angewiesen, wodurch der Weltfußballverband Druck auf diese ausüben und gefügig machen kann. Um die zu beeinflussende Verbände zusätzlich wohl gesonnen zu stimmen, wird von der FIFA meist nicht hinterfragt, worin denn tatsächlich investiert wird.[15] Und dadurch, dass die Funktionäre des Exekutivkomitees auch nationale Ämter bekleiden, entstehen Interessenkonflikte. Die Integrität eines Funktionärs wird in keiner Weise kontrolliert.

Hinzu kommt, dass die Amtszeit des FIFA-Präsidenten bislang nicht beschränkt war, wodurch das "System Blatter" erst entstehen konnte.

5.1 Die Machenschaften der FIFA

Aber wie hat Blatter das geschafft? Den Rückhalt im Kongress schien er sich durch zwei Punkte gesichert zu haben: die Stimmenverteilung und großzügige Überweisungen. Weil jedes Mitgliedsland exakt eine Stimme besitzt, haben kleinere Verbände genauso viel Einfluss wie große.

Blatter hielt das für demokratisch, und so wirkt es zunächst auch. Aber er nutze dieses System dafür, die kleineren Verbände in seinen Dunstkreis zu ziehen. Also vor allem Staaten, in denen offenbar nicht genau darauf geschaut wird, was mit den jährlichen Bonuszahlungen der FIFA von 250.000 US-Dollar an die Nationalverbände passiert und damit den Fußball-

---

[13] Vgl. Ebenda
[14] Vgl. Ebenda
[15] TAGESSPIEGEL: Der Kampf gegen Korruption beginnt erst jetzt, URL: http://www.tagesspiegel.de/sport/fifa-ohne-sepp-blatter-der-kampf
-gegen-korruption-beginnt-erst-jetzt/12753342.html, Zugriff vom 12. Januar 2016

funktionären viel kreative Eigenverantwortung für die Verwendung dieser nicht unbeträchtlichen Summe lassen.[16]

Blatter wusste, dass er für seine Wiederwahl immer wieder die Mehrheit der 209 Mitgliedsländer benötigte. Also musste er die Gruppe Delegierter protegieren, die ihm die nötige Mehrheit verschaffen konnte. Neben den Zahlungen köderte er die Verbandsoffiziellen mit Reisen und diversen Privlegien.

Auch das Exekutivkomitee, dem kleineren Kreis mit 25 Entscheidungsträgern, der so genannten Weltregierung des Fußballs, hatte Blatter vollständig im Griff. Natürlich wurde auch hier mit Erste-Klasse-Flügen und 5-Sterne-Hotels gelockt und umgarnt. Unterstütze ihn ein Mitglied, wie z. B. der Kameruner Issa Hayatou, Präsident des Afrikanischen Fußballverbands (CAF), ließ er ihn Statuten ändern, die dem Afrikaner zum Vorteil gereichten. In diesem Falle ließ der CAF-Präsident die Altersgrenze von 70 Jahren ändern, damit er weiter als afrikanischer Verbandspräsident amtieren konnte.[17]

Es sind vor allem diese Korruptionsvorwürfe, die der FIFA daher seit Blatters Wahl einen komplexen Glaubwürdigkeitsverlust eingebracht haben. Bereits 1998, nachdem er das erste Mal zum FIFA-Präsidenten gewählt wurde, gab es Gerüchte über eine "gekaufte" Wahl: Am Vorabend der Wahl sollen 20 Briefe an afrikanische Delegierte vergeben worden sein, die jeweils 50.000 US-Dollar enthielten. Der Zweck: Sie sollten auf keinen Fall den schwedischen Gegenkandidaten Lennart Johansson wählen. Das Geld soll der spätere katarische FIFA-Präsident Mohamed Bin Hammam übergeben haben.[18]

Nicht der einzige Skandal in der FIFA. Seit Jahrzehnten schon gab es immer wieder Skandale, seltsame Praktiken bei der Vergabe von Fernsehrechten und der Auswahl von Austragungsländern. Außerdem gab es Gerüchte darüber, wie viel Geld die Funktionäre in die eigenen Taschen steckten, damit Ausrüster ihre Deals, Sportvermarkter ihre Vorteile und Funktionäre ihre Wahlstimmen bekamen.

Der größte Skandal, in den die FIFA bis zum Mai 2015 in ihrer über 100 jährigen Geschichte verwickelt war, waren die Schmiergeldzahlungen an Blatters Vorgänger, Joao Havelange und dessen Schwiegersohn Ricardo, der gleichzeitig auch langjähriger brasilianischer Verbandschef war.[19] Er wurde sogar als der "größte Schmiergeldskandal in der Sportgeschichte" bezeichnet.[20] Demnach haben Havelange und Teixeira Schmiergelder in Höhe von 11,8 Mio. € von der 2001 in die Insolvenz gegangene Vermarktungsagentur ISL erhalten, damit diese Großveranstaltungen besser vermarkten konnte.[21] Sepp Blatter, so meinen Experten, habe davon gewusst. Schließlich wiegelte er die Vorwürfe mit der Argumentation ab, dass der Erhalt von Bestechungsgeldern im fraglichen Zeitraum gar nicht illegal gewesen gewe-

---

[16] Vgl. Ebenda
[17] Vgl. Ebenda
[18] Vgl. Rasch, Dirk: Rettet den Fußball. Zwischen Tradition, Kommerz und Randale, Göttingen 2014, S. 140
[19] Vgl. Ebenda
[20] Ebenda
[21] Vgl. Ebenda

sen wäre. Es habe sich damals um die üblichen "Provisionen" gehandelt.[22] Texeira trat aus dem FIFA-Exekutivkomitee zurück, Blatter blieb. Weitere Konsequenzen gab es keine.

Das Fass zum Überlaufen brachten nun die Ermittlungen des amerikanischen Justizministeriums und des FBI, in dessen Folge im Mai 2015, zunächst 14 Beschuldigte FIFA-Funktionäre in einem Züricher Hotel festgenommen wurden; und im Dezember 2015 gegen 16 weitere hochrangige FIFA-Funktionäre Anklage erhoben wurde. Der Vorwurf: Millionenschwere Bestechung im Zusammenhang mit der Vergabe von Vermarktungs- und Senderechten sowie "kriminelle Verschwörung und andere Verbrechen im Zusammenhang mit dem langjährigen Missbrauch ihrer Positionen zur finanziellen Bereicherung". Die Staatsanwaltschaft New York wirft den Fußballfunktionären konkret vor, über einen Zeitraum von 24 Jahren Schmiergeldzahlungen und Kickback-Geschäfte[23] von mehr als 150 Mio. USD angenommen zu haben. [24] Parallel dazu eröffnete die Schweizer Staatsanwaltschaft ein Strafverfahren wegen der umstrittenen WM-Vergaben 2018 und 2022. Im September 2015 wurden auch Ermittlungen gegen Blatter eingeleitet.

Noch nie gab es gegen den Weltfußballverband eine größere Anklage, die auch noch mit so hohem Aufwand betrieben wurde: Eingeleitet von der ersten schwarzen Justizministerin Amerikas, Loretta Lynch, betrieben von den besten Ermittlern der USA, die mit der besten Technik ausgerüstet sind und das "kriminelle System Weltfußball"[25] unbedingt entlarven wollen. Einige der Funktionäre haben sich bereits schuldig bekannt.[26] Amerika fordert derzeit die Auslieferung der Beschuldigten. **Das Ausmaß der Korruption sei unglaublich**, betonte Justizministerin Lynch Ende 2015.[27]

Aber woher stammten die milliardenschweren Einnahmen der FIFA, die die Mitglieder zu dem Missbrauch und den vielen Korruptionsskandalen verleitet haben? Im vergangenen - vier Jahre dauernden - WM-Zyklus, hat die FIFA 5,7 Mrd. USD eingenommen. Das sind 1,5 Mrd. mehr als in den vier Jahren davor.

Aus welchen Einnahmen speist sich die Summe: 2,5 Mrd. davon zahlten die Fernsehsender, 1,6 Mrd. die Sponsoren, der Rest kam durch Karten- und Lizenzproduktverkäufe zusammen. Das Finale der WM im Juni 2014 sahen weltweit eine Milliarde Menschen, in Deutschland allein waren es fast 35 Millionen. Als Fifa-Präsident Blatter 1998 erstmalig

---

[22] Vgl. Ebenda
[23] Kick-Back bedeutet die automatische Rückerstattung eines Teilbetrages einer gezahlten Summe. Der Begriff kommt aus der engl. Sprache
   und wird sowohl mit Provision als auch mit Bestechung oder Blitzreaktion übersetzt. Am Kick-Back-Verfahren sind stets mehrere Parteien
   beteiligt, von denen mindestens eine für die Rückzahlung des Betrages an einen anderen Beteiligten zuständig ist. FINANZLEXIKON: Kick-
   Back, URL: https://www.finanz-lexikon.de/kick-back_3200.html, Zugriff am 8. September 2015
[24] Vgl. DER SPIEGEL: Korrupt. Das System Blatter, Ausgabe 23/2015 vom 30.5.2015, S. 17 f.
[25] Vgl. Ebenda
[26] Vgl. Ebenda
[27] faz.net: Fifa-Skandal. Das Ausmaß der Korruption ist unglaublich. URL: http://www.faz.net/aktuell/sport/sportpolitik/amerikas-justiz-ermittelt-gegen-16-funktionaere-im-fifa-skandal-13947594.html, Zugriff vom 4. Januar 2016

gewählt wurde, hatte der Verband Reserven von 3 Mio. Dollar, 2014 wuchsen sie auf 1,5 Mrd. Dollar.[28]

Wieso aber ist gerade die FIFA so anfällig für Korruption? Korruptionsexperten erklären das wie folgt: "Wenn ein kleines, geschlossenes, intransparentes System plötzlich mit viel Geld geflutet wird, gedeiht die Korruption, entsteht wie bei der Mafia organisierte Kriminalität, und die Droge, die verkauft wird, heißt: Fußball.[29]

5.2 Wie funktioniert das System Blatter?

In den ersten Jahren seiner Amtszeit baut Joseph "Sepp" Blatter nach und nach eine interne Führungscrew - auch F-Crew - genannt auf, die sich als eine Art Nebenregierung geriert und nach dem Willen Blatters agiert[30]. Obwohl der Schweizer schon oft Transparenz und Reformen versprochen hat, änderte sich nichts an seiner Amtsführung.

In der FIFA ging nichts ohne seine Zustimmung. Er war sogar bis 2013 berechtigt, Verträge allein zu unterschreiben. Doch seitdem muss noch eine zweite Person unterzeichnen. Dies entspricht modernen Corporate-Governance-Regeln und ist bei Führungspersonen in der Privatwirtschaft Standard.

Aber Blatter hat natürlich darauf geachtet, dass es eine ihm vertraute Person ist.[31]

Am 29. Mai 2015 stellte er sich zum fünften Mal zur Wahl und wurde im zweiten Wahlgang gewählt. Doch schon kurze Zeit später nach der Festnahme der ersten 14 Fifa-Funktionäre im Zürcher Hotel Baur au Lac, wurde er von der Öffentlichkeit zum Rücktritt regelrecht gezwungen. Die Welt empörte sich über den selbst ernannten "Sonnenkönig Blatter".

Am 11. September 2015 erhob die Schweizer Presse konkrete Vorwürfe gegen Sepp Blatter persönlich: Angeblich hatte er die TV-Rechte an den Weltmeisterschaften 2010 in Südafrika und 2014 in Brasilien für 250.000 USD bzw. 350.000 USD an Jack Warner, den ehemaligen FIFA-Vizepräsidenten, verkauft. Ein hochprofitabler Deal für Warner, denn er übertrug die Rechte an seine eigene Firma. Diese verkaufte sie für ca. 15 bis 20 Millionen USD an den TV-Sender SportsMax. Denn er zahlte gerade einmal 0,3 % der Summe für die TV-Rechte, die er im Gegenzug beim Verkauf dafür erhielt.[32] Es muss angenommen werden, dass Sepp Blatter den Marktwert der FIFA-TV-Rechte kennt, daher könnten die von Blatter persönlich unterzeichneten Verträge strafrechtlich relevant für ihn werden.[33]

---

[28] Vgl. DER SPIEGEL: Korrupt. Das System Blatter, a.a.O., S. 17
[29] Ebenda, S. 18
[30] Vgl. Kistner, Thomas: FIFA MAFIA. Die schmutzigen Geschäfte mit dem Weltfußball, München 2012, vgl. S.101.
[31] DER TAGESSPIEGEL: Zuhause in der Wagenburg, URL: http://www.tagesspiegel.de/politik/so-funktioniert-die-fifa-unter-sepp-blatter
    -zuhause-in-der-wagenburg/11818978.html vom 2. Juni 2015, Zugriff vom 24. September 2015
[32] nachrichten.de: Fifa-Krise im Newsticker, URL: http://www.nachrichten.de/sport/-Fifa-Krise-im-News-Ticker--Top-Juristen-informieren
    -ueber-Stand-der-Ermittlungen-in-aid_2328531007966422311.html, Zugriff vom 10. Oktober 2015
[33] Vgl. Ebenda

Ein paar Tage später, am 17. September, suspendiert die FIFA ihren Generalsekretär Jérôme Valcke, einen engen Vertrauten Blatters. Am 13. Januar 2016 wird er schließlich mit sofortiger Wirkung wegen umstrittener Ticketverkäufe entlassen.

Neben diesen Vorwürfen erhärtete sich im Herbst 2015 ein weiterer Verdacht in Bezug auf eine dubiose Zahlung vor fünf Jahren zwischen Fifa-Präsident Blatter und Uefa-Präsident Platini.

Beide sind am 8. Oktober 2015 wegen des Verdachts der "ungetreuen Geschäftsbesorgung" von der Fifa zunächst für 90 Tage gesperrt worden. Als Interimspräsident fungierte Issa Hayatou, der FIFA-Vizepräsident. Im Mittelpunkt der Vorwürfe steht eine Fifa-Zahlung von zwei Millionen Schweizer Franken bzw. 1,8 Millionen Euro an Platini im Jahr 2011, angeblich für Beratertätigkeiten, die der Franzose zwischen Januar 1999 und Juni 2002 geleistet haben soll. Es gibt hierzu keine schriftlichen Verträge, beide Funktionäre konnten der Kommission nicht glaubhaft machen, dass es hier um Beratertätigkeiten ging, die entlohnt wurden. Vielmehr gehen die Ermittler von Schmiergeldzahlungen aus, die Blatters Sieg bei der Präsidentschaftswahl im gleichen Jahr sichern sollten.[34]

Mittlerweile sind beide von der Ethikkommission mit harten Strafen belegt worden. Sie wurden beide für acht Jahre gesperrt, die kürzlich, nach deren Einspruch, auf sechs Jahre reduziert wurden. Blatter musste eine Geldstrafe in Höhe von 50.000,- SFR entrichten, Platini in Höhe von 80.000,- SFR. Beide wollen noch vor den Internationalen Sportgerichtshof (Cas) ziehen.

5.3 Waren einige der WM-Vergaben illegal? Eine Spurensuche am Beispiel Russland und Katars

2010 vergab die Fifa zwei Weltmeisterschaften: Für 2018 an Russland. 2022 soll das Turnier in Katar stattfinden, in einer klimatisch schwierigen Region ohne Fußballkultur. Das Vergabeverfahren warf Fragen auf. In beiden Fällen kam schnell der Verdacht auf, es könnte sich um Korruption gehandelt, die Bewerber könnten die Wahlmänner der Fifa bestochen haben. Die FIFA-Exekutive wurde vielfach für die Vergabe der Turniere an Russland (2018) und Katar (2022) kritisiert. Der Skandal war groß, Präsident Blatter kündigte umgehend eine Untersuchung durch externe Experten an. Seit 2010 mussten zehn Mitglieder wegen Korruptionsvorwürfen zurücktreten.[35]

2012 wurde der frühere Bundesanwalt, Michael Garcia, aus den USA geholt, um die Zustände beim Weltverband zu untersuchen, die im so genannten Garcia-Report schriftlich festgehalten wurden. Im Dezember 2014 trat er zurück, weil sein Einspruch gegen die aus

---

[34] Vgl. n-tv: Ethikkommission verhängt harte Strafen: Blatter und Platini werden acht Jahre gesperrt, URL: http://www.
n-tv.de/sport/fussball/Blatter-und-Platini-werden-acht-Jahre-gesperrt-article16615596.html, Zugriff vom 21. Dezember 2015
[35] Vgl. ZEIT ONLINE: FIFA-ETHIKKOMMISSION: Ein Bericht, den niemand lesen soll, URL: http://www.zeit.de/sport/2014-09/fifa-
ethikkommission-garcia-russland-katar, Zugriff am 30. September 2015

seiner Sicht fehlerhafte Auswertung der Korruptionsuntersuchung aus fadenscheinigen - angeblich formalen - Gründen abgelehnt wurde.[36]

Die FIFA schien ihre Affären unbemerkt unter den Tisch kehren zu wollen. Doch die internationale Presse biss sich an dem Thema fest.

Der englischen Zeitung THE TELEGRAPH liegen Dokumente vor, wonach Jack Warner, der frühere FIFA-Vize-Präsident, der schon längst wegen anderer Vorwürfe in Korruptionsverdacht geraten war, bestochen worden sein soll. Angeblich hat der ehemalige Funktionär von der Firma des katarischen Fußballoffiziellen und früheren FIFA-Vizepräsidenten Mohamed Bin Hammam 1,5 Mio. US-Dollar erhalten, um bei der Vergabe der WM 2022 für Katar zu stimmen.[37]

Für die FIFA waren die WM-Bewerbungen von Russland und Katar deshalb so interessant, weil sie mit beiden Ländern Fernsehverträge in Höhe von 1,7 Milliarden Euro abschließen konnten, ein bisheriger Rekord.[38] Und obwohl die Vergabe dieser Rechte erst einmal nur Senderechte für den Mittleren und Nahen Osten sowie ausgewählte Gebiete in Asien und Lateinamerika beinhalten, sind das bereits jetzt Mehreinnahmen von 90 Prozent im Vergleich zu den Weltmeisterschaften 2010 und 2014.

Doch im Mai 2015 beschlagnahmen Beamte der Schweizer Bundesanwaltschaft elektronische Dokumente und Daten, auf denen sich Informationen zur Vergabe der beiden umstrittenen Fußball-Weltmeisterschaften 2018 und 2022 befinden sollen. Es besteht der Verdacht der "ungetreuen Geschäftsbesorgung" sowie der Geldwäsche auf Schweizer Konten.[39] Die Untersuchungen der Schweizer und der US-Behörden dazu laufen derzeit noch.[40]

5.3.1 WM 2006 - ein gekauftes Sommermärchen?

2005 wurden 6,7 Millionen Euro an Robert-Louis Dreyfus, den damaligen Adidas-Chef, überwiesen. Der hatte das Geld angeblich Jahre zuvor den deutschen WM-Werbern geliehen. Die Gründe dafür sind immer noch nicht eindeutig bekannt, führten aber zu einem neuen Skandal um den Deutschen Fußballbund (DFB) und seinen Präsidenten Niersbach, der in Erklärungsnot geriet. Denn die FIFA hat Niersbach Darstellung über die Zahlung widersprochen und seine Version "als falsch" bezeichnet. Sie erklärte, dass eine solche Zahlung von Dreyfuss an die FIFA im Jahr 2002 von der FIFA nicht registriert worden sei.[41] Eine Erklärung, wofür das Geld nun konkret verwendet worden sein soll, blieb Niersbach schuldig. Niersbach Am 9. November 2015 tritt er schließlich als DFB-Präsident zurück.

[36] Vgl. FRANKFURTER RUNDSCHAU: FIFA-SKANDAL. IN DIE HÖLLE MANÖVRIERT, URL: http://www.fr-online.de/sport/fifa-skandal-in-die-
  hoelle-manoevriert,1472784,29376286.html, Zugriff am 25. Juni 2015
[37] Vgl. Rasch, Dirk: Rettet den Fußball. Zwischen Tradition, Kommerz und Randale, Göttingen 2014, S. 138 f.
[38] Vgl. Ebenda
[39] Vgl. DER SPIEGEL: Korrupt. Das System Blatter, a.a.O., S. 17 f.
[40] Vgl. Ebenda, S. 19
[41] Tagesschau.de: FIFA widerspricht DFB-Präsident Niersbach, URL: https://www.tagesschau.de/inland/niersbach-dfb-
107.html, Zugriff vom
  1. Dezember 2015

Inzwischen geriet auch Franz Beckenbauer ins Visier der Fifa-Ermittler. Zum Einen wegen der 6,7 Mio Euro, die er angeblich 2001 von Dreyfus geliehen hatte, damit das deutsche Organisationskomitee einen Organisationszuschuss von 250 Millionen Schweizer Franken erhält. Diese 6,7 Millionen sollen die Finanzierungskosten gewesen sein, um die große Summe zu erhalten. Ermittelt wird nun in eine andere Richtung: Bekam der korrupte Mohamed Bin Hammam angeblich das Geld, um damit die Stimmen der Asiaten zu kaufen?[42] Die Beweise für diese Annahme stehen noch aus.

5.3.2 Weitere Korruptionsvorwürfe und Skandale

Die Korruptionsskandale um Russland, Katar und kürzlich auch um Deutschland sind nicht die einzigen, die die FIFA im Laufe der letzten Jahrzehnte erschüttert hat.

Auch einzelnen Fifa-Mitgliedern wurde immer wieder vorgeworfen, bestechlich zu sein. So geriet auch Chuck Blazer, das ehemalige Mitglied im Exekutivkomitee in Verdacht, anlässlich der WM-Vergaben 1998 an Frankreich und 2010 an Südafrika, Schmiergelder angenommen zu haben.[43] Blazer war von 1997 bis 2013 Mitglied des FIFA-Exekutivkomitees, das u. a. über die WM-Vergaben entscheidet. Heute ist Blazer der Kronzeuge der US-Justiz gegen die FIFA. Er kooperiert bereitwillig und belastet sich und die FIFA schwer.[44] Im Juli 2015 wurde er von der Fifa-Ethikkommission lebenslang gesperrt.

Und auch der karibische Fußballverband und die inzwischen suspendierten Funktionäre Mohamed bin Hammam und Jack Warner wurden Bestechung in Zusammenhang mit dem Präsidentschafts-Wahlkampf 2011 in der Fifa vorgeworfen. Sie sollen versucht haben, für die Wahl bin Hammams zum FIFA-Präsidenten Stimmen zu kaufen.[45] Beide wurden im Mai 2011 von der Ethikkommission des Fußball-Weltverbandes zunächst suspendiert und anschließend mit einer lebenslangen FIFA-Sperre belegt.

Neben diesen korruptionsbehafteten Vergaben und Versuchen, einzelne FIFA-Exekutivmitglieder zu bestechen, steht vor allem die Vergabe an Katar im Fokus eines weiteren großen Skandals: Nämlich die Arbeits- und Aufenthaltsbedingungen Tausender zumeist asiatischer und afrikanischer Gastarbeiter.

Die britische Zeitung "THE GUARDIAN", für ihre investigativen Recherchen bekannt, ermittelte, dass bis zum Januar 2014 nahezu 400 Nepalesen auf den Baustellen und den Barackenunterkünften ums Leben gekommen sein sollen. Auf Grundlage dieser Zahlen wurde errechnet, dass bei Temperaturen bis zu 50 Grad rund 4.000 Arbeiter bis zur Fertigstellung der bauli-

---

[42] Vgl. Ebenda, S. 10f.
[43] Vgl. FOCUS: WM-Vergaben an Frankreich 1998 und Südafrika 2010 waren geschmiert. URL:
http://www.focus.de/sport/fussball/
fifa-skandal-im-news-ticker-nach-dem-blatter-ruecktritt-interpol-sucht-sechs-fifa-offizielle_id_4726335.html, Zugriff vom
2. Januar 2016
[44] Vgl. Ebenda
[45] Vgl. VADIAN.NET: FIFA schließt Bin Hammam und Warner vorläufig aus, URL:
http://www.fussball.ch/FIFA+schliesst+Bin+Hammam+und+Warner+vorlaeufig+aus/494023/detail.htm, Zugriff am 21.
Juni 2015

chen Infrastruktur sterben werden.[46] Als Ursachen werden zwangsarbeitsähnliche Verhält-
nisse unter extremen Temperaturbedingungen, die Verweigerung von Trinkwasser sowie die
unhygienischen Bedingungen in überfüllten Unterkünften angeführt.[47]

Obwohl der WM-Ausrichter Katar versprochen hat, die Bedingungen für Gastarbeiter zu verbessern, ist in dieser Hinsicht nicht viel unternommen worden. Die Arbeiter werden entrech-
tet, arbeiten für einen Hungerlohn oder kommen ums Leben.[48] Denn an den Rahmenbedin-
gungen im Wüstenstaat hat sich bis heute wenig geändert.

Wider alle Versprechen der Regierung existiert das so genannte Kafala-System immer noch -
auch auf den WM-Baustellen. Hierbei handelt es sich um ein spezielles Bürgschaftssystem,
dass im rechtlichen Sinne das Arbeits- und Aufenthaltsrecht betrifft. Das heißt: Ausländer,
die in Katar Geld verdienen wollen, werden von ihrem Arbeitgeber registriert. Er entscheidet
über Ein- und Ausreise, oftmals wird der Pass eingezogen. Es ist dieses System, das eine mo-
derne Form der Sklaverei ermöglicht. Ein Arbeiter verdient umgerechnet 170 Euro im Monat.
Dafür arbeitet er elf Stunden am Tag, sechs Tage die Woche.[49]

6. Zur Zukunft der FIFA

Einige Verbände, wie die UEFA, wollten schon lange einen Wechsel an der Spitze der FIFA.
Sie forderten eine Richtungsänderung und Modernisierung des Weltfußballverbandes, die
nach Verabschiedung des neuen Reformpakets, dass die FIFA am 26. Februar 2016 auf sei-
nem außerordentlichen Kongress in Zürich beschlossen hat, endlich umgesetzt werden
könnten.[50]

6.1 Notwendiger Wandel der Organisation - verabschiedete Reformen

Klar ist: Mehr Transparenz und Führung sowie ein Modernisierungsprozess sind für ein Wei-
terbestehen der FIFA vonnöten.[51] Nach den vielen Skandalen und Ermittlungen, die zum Teil
noch nicht abgeschlossen sind, muss sich die FIFA neu aufstellen. Das will sie mit dem Re-
formpaket einleiten. Die Kernpunkte sind:

- **Amtszeitbeschränkung und Funktion:** Der Präsident darf nur 12 Jahre, also maximal 3 Legislatur-
perioden, im Amt bleiben. Der Fifa-Präsident soll außerdem nur noch eine repräsentative Funktion
haben, und keine Entscheidungsmacht mehr besitzen. Er erhält aber Sitz und Stimme im neuen
Council und schlägt den Generalsekretär vor. Integritätscheck erforderlich.

[46] Vgl. Rasch, Dirk: Rettet den Fußball, a.a.O., S. 141
[47] Vgl. DIE WELT: "Die Katarer wollen sich nicht bessern", URL: http://www.welt.de/politik/ausland/article141085837/Die-Katarer-wollen-
sich-nicht-bessern.html, Zugriff am 2.09.2015
[48] Vgl. Ebenda
[49] Vgl. Ebenda
[50] Vgl. SPORTSCHAU: Debatte um Zukunft der FIFA beim UEFA-Kongress in Wien, Blatter zu Gast bei Gegnern, URL:
http://www.sportschau.de/fussball/international/fifa-uefa-blatter-zu-gast-bei-gegnern-100.html), Zugriff am 20. September 2015
[51] Vgl. DEUTSCHLANDFUNK: "Es wären vier verlorene Jahre", URL: http://www.deutschlandfunk.de/fifa-praesidentenwahl-
es-waeren-vier
verlorene-jahre.1346.de.html?dram:article_id=315588), Zugriff am 21. Juni 2015

- **Council**: Dient als Aufsichtsrat und ersetzt das Exekutivkomitee. Hat 37 Mitglieder (bisher 25). Genehmigt
operative Entscheidungen. Integritätscheck der Mitglieder erforderlich. Amtszeit: Maximal zwölf Jahre.

- **Der Generalsekretär**: Er wird vom Council gewählt und kontrolliert. Muss sich auch vor der Abteilung für korrekte Unternehmensführung bei der FIFA verantworten.

- **Administration:** Es wird noch neun statt der bislang 26 ständigen Kommissionen und nicht mehr für alle 209 FIFA-Mitglieder Posten geben. Stattdessen sollen die Hälfte der Kommissionsmitglieder externe Experten sein.

- Kontrolle: Die Ethikkommission und juristische Gremien wie die Disziplinarkommission werden komplett
unabhängig und extern besetzt.

- **Frauen:** Jede der sechs Konföderationen soll in den neuen FIFA-Council mindestens eine Frau entsenden. Die Gleichberechtigung der Geschlechter ist jetzt Bestandteil der Statuten.

- Menschenrechte: Die Wahrung der Menschenrechte wird als Ziel in die Statuten aufgenommen. [52]

7. Ausblick

Auch wenn sich die FIFA nach außen hin stets demokratisch geben wollte, die verschiedenen aufgezeigten Korruptionsskandale belegen das Gegenteil. Demokratie hat hier bislang nicht funktioniert bzw. wurde regelrecht ausgehebelt und in eine Günstlingswirtschaft verwandelt.

Die FIFA hat nur eine Chance noch lange weiter zu bestehen, wenn sie sich komplett demokratisierte, das heißt nach außen vollständig öffnet, die Finanzen und Lohnkosten sowie die Vergabe-Kriterien der Fußballweltmeisterschaften in Gänze offenlegt. Vielleicht gelingt dieser Kraftakt mit dem neuen, am 26. Februar 2016 gewählten Schweizer FIFA-Präsident, Gianni Infantino, und den zeitgleich verabschiedeten Reformen, die er jetzt erst einmal umsetzen muss.

---

[52] **DIE WELT:** "Die Kernpunkte der FIFA-Reformen", URL:
http://www.welt.de/newsticker/dpa_nt/infoline_nt/thema_nt/article152704586/Die-Kernpunkte-der-FIFA-Reformen.html, Zugriff vom
29. Februar 2016

8. Literaturverzeichnis

8.1. Schriftliche Werke

Affentranger, Bruno: Sepp - König der Fussballwelt. Das System Joseph S. Blatter: Seine Tricks, seine Tore, Zürich 2007

Aus Politik und Zeitgeschichte (Beilage zur Wochenzeitung Das Parlament): Fußballweltmeisterschaft, 19/2006, Ausgabe vom 8. Mai 2006, Bonn 2006

Beyer, Bernd M./ Schulze-Marmeling, Dietrich: Das goldene Buch der Fussball Weltmeisterschaft, Göttingen 2013

Dubbrick, Alexander: Nutzt die FIFA ihren Monopolstatus aus? Eine kritische Analyse, München 2012

Kistner, Thomas: FIFA MAFIA. Die schmutzigen Geschäfte mit dem Weltfussball, München 2012

Rasch, Dirk: Rettet den Fußball. Zwischen Tradition, Kommerz und Randale, Göttingen 2014

Spitzinger, Roland/ Draxler, Julia:

Probier's doch mal mit Korruption!: Die Erfolgsgeheimnisse der Vettern, Freunderln und Amigos, München 2014

8.2. Zeitungen und Zeitschriften

AUS POLITIK UND ZEITGESCHICHTE APuZ, Beilage zur Wochenzeitung Das Parlament: Fußballweltmeister-schaft, Ausgabe 19/2006 vom 8. Mai 2006

DER SPIEGEL: Korrupt. Das System Blatter, Ausgabe 23/2015 vom 30.5.2015

DER SPIEGEL: Der Fall DFB, Ausgabe 44/2015 vom 22.10.2015

DER TAGESSPIEGEL: Reförmchen oder Revolution, Ausgabe vom 02.12.2015

8.3 Internetquellen

BILD: Kaufte Katar die WM: 23,8 Milliarden Euro flossen in Fifa-Mitgliedstaaten, URL: http://www.bild.de/sport/fussball/wm/kaufte-katar-die-wm-fuer-23-8-milliarden-euro-40715492.bild.html

DER TAGESSPIEGEL: Zuhause in der Wagenburg, URL: http://www.tagesspiegel.de/politik/so-funktioniert-die-fifa-unter-sepp-blatter-zuhause-in-der-wagenburg/11818978.html, Zugriff vom 24. September 2015

DEUTSCHLANDFUNK: "Es wären vier verlorene Jahre", URL: http://www.deutschlandfunk.de/fifa-praesidentenwahl-es-waeren-vier-verlorene-jahre.1346.de.html?dram:article_id=315588, Zugriff vom 21. Juni 2015

DIE PRESSE.COM: Amtszeitbeschränkung, Alterslimit und Frauen: Der Katalog des FIFA-Reformkomitees, URL: http://diepresse.com/home/sport/fussball/international/4848091/Amtszeitbeschraenkung-Alterslimit-und-Frauen_Der-Katalog-des, Zugriff vom 25. Januar 2016

DIE WELT: Warum Katar-Freund Platini fein raus ist, URL:

http://investigativ.welt.de/2014/11/27/warum-katar-freund-platini-fein-raus-ist/, Zugriff vom 26. September 2015

DIE WELT: "Die Katarer wollen sich nicht bessern", URL,

http://www.welt.de/politik/ausland/article141085837/Die-Katarer-wollen-sich-nicht-bessern.html, Zugriff vom 9. September 2015

DIE WELT: "Die Kernpunkte der FIFA-Reformen", URL:

http://www.welt.de/newsticker/dpa_nt/infoline_nt/thema_nt/article152704586/Die-Kernpunkte-der-FIFA-Reformen.html, Zugriff vom 29. Februar 2016

faz.net: Fifa-Skandal. Das Ausmaß der Korruption ist unglaublich. URL:

http://www.faz.net/aktuell/sport/sportpolitik/amerikas-justiz-ermittelt-gegen-16-funktionaere-im-fifa-skandal-13947594.html, Zugriff vom 4. Januar 2016

FIFA: FIFA, URL: http://de.fifa.com/index.html, Zugriff von Mai 2015 bis März 2016

FOCUS: WM-Vergaben an Frankreich 1998 und Südafrika 2010 waren geschmiert. URL:

http://www.focus.de/sport/fussball/
fifa-skandal-im-news-ticker-nach-dem-blatter-ruecktritt-interpol-sucht-sechs-fifa-offizielle_id_4726335.html, Zugriff vom 2. Januar 2016

FINANZLEXIKON: Kick-Back, URL: https://www.finanz-lexikon.de/kick-back_3200.html, Zugriff vom 8. September 2015

FRANKFURTER RUNDSCHAU: FIFA-SKANDAL. IN DIE HÖLLE MANÖVRIERT, URL: http://www.fr-online.de/sport/fifa-skandal-in-die-hoelle-manoevriert,1472784,29376286.html

FUSSBALL-HISTORIE: Die Geschichte der FIFA, URL:

ttp://de.fifa.com/classicfootball/history/fifa/foundation.html

NACHRICHTEN.DE: Fifa-Krise im Newsticket, URL: http://www.nachrichten.de/sport/-Fifa-Krise-im-News-Ticker--Top-Juristen-informieren-ueber-Stand-der-Ermittlungen-in-aid_2328531007966422311.html, Zugriff vom 10. Oktober 2015

NATIONALELF.ORG: Alles über die Fußball WM: Geschichte, Statistiken, Organisation, URL: http://www.nationalelf.org/fussball-wm-allgemein, Zugriff vom 18. Januar 2016

n-tv: Ethikkommission verhängt harte Strafen: Blatter und Platini werden acht Jahre gesperrt, URL: http://www.n-tv.de/sport/fussball/Blatter-und-Platini-werden-acht-Jahre-gesperrt-article16615596.html, Zugriff vom 21. Dezember 2015

SPIEGEL ONLINE: Geheimdienste sollen bei WM-Vergabe mit gemischt haben, URL:

http://www.spiegel.de/sport/fussball/fifa-skandal-geheimdienste-sollen-bei-wm-vergabe-mitgemischt-haben-a-1005803.html

SPIEGEL ONLINE: Korruptionsverdacht: Fifa suspendiert sechs Funktionäre, URL:

http://www.spiegel.de/sport/fussball/korruptionsverdacht-fifa-suspendiert-sechs-funktionaere-a-724304.html

SPIEGEL ONLINE: Fifa-Festnahmen, URL: http://www.spiegel.de/sport/fussball/fifa-festnahmen-pressemitteilung-der-schweizer-justiz-im-wortlaut-a-1065808-druck.html, Zugriff vom 3. Dezember 2015

SÜDDEUTSCHE ZEITUNG.DE: Fifa suspendiert Generalsekretär Valcke: URL:

//www.sueddeutsche.de/sport/ermittlungen-fifa-entbindet-jerme-valcke-von-allen-aufgaben-1.2652660, Zugriff vom 10. Oktober 2015

SPORTSCHAU: Debatte um Zukunft der FIFA beim UEFA-Kongress in Wien, Blatter zu Gast bei Gegnern, URL: http://www.sportschau.de/fussball/international/fifa-uefa-blatter-zu-gast-bei-gegnern-100.html, Zugriff vom 20. September 2015

VADIAN.NET: FIFA schließt Bin Hammam und Warner vorläufig aus, URL:

http://www.fussball.ch/FIFA+schliesst+Bin+Hammam+und+Warner+vorlaeufig+aus/494023/detail.htm, Zugriff vom 21. Juni 2015

TAGESSCHAU.DE: FIFA widerspricht DFB-Präsident Niersbach, URL:

https://www.tagesschau.de/inland/niersbach-dfb-107.html, Zugriff vom 1. Dezember 2015

ZEIT ONLINE: FIFA-ETHIKKOMMISSION: Ein Bericht, den niemand lesen soll, URL:

http://www.zeit.de/sport/2014-09/fifa-ethikkommission-garcia-russland-katar, Zugriff vom 30. September 2015

ZEIT ONLINE: Fifa-Generalsekretär Valcke unter Schmiergeldverdacht, URL: **http://www.zeit.de/sport/2015-06/valcke-jerome-fifa-blatter-korruption,** Zugriff vom 24. September 2015